OBSERVATIONS SUCCINCTES

SUR UNE

COMMUNICATION OFFICIELLE,

RELATIVE

A LA RÉDUCTION DES 4 POUR CENT ANGLAIS.

PARIS. — IMPRIMERIE DE COSSON,
RUE SAINT GERMAIN-DES-PRÉS, N° 9.

OBSERVATIONS

SUCCINCTES

SUR UNE

COMMUNICATION OFFICIELLE,

RELATIVE

A LA RÉDUCTION DES 4 POUR CENT ANGLAIS.

PAR ARMAND SÉGUIN,

DE L'INSTITUT.

Qui vivra, verra.

PARIS.

AVRIL 1830.

OBSERVATIONS SUCCINCTES

COMMUNICATION OFFICIELLE,

A LA RÉDUCTION DES 4 POUR CENT ANGLAIS.

Sı l'on appréciait les résultats des combinaisons financières récentes, au poids de *l'étran-
geté* de leur conception, on serait porté à penser
que les débiteurs ont assez peu de *convenante
politique* pour ne pas craindre d'assimiler leurs
créanciers au *bonace* M. Jourdain.

Voici comment est conçue une communication officielle récente, relative à la réduction
des 4 pour cent anglais.

« Un nouveau fonds, rente, sera créé, portant
» intérêt à raison de 3 1/2 pour 0/0 par an;
» l'intérêt sera payable le 5 janvier et le 5 juil-
» let de chaque année ; et la susdite rente ne
» pourra être remboursée avant 1840. Tous les

» propriétaires de rentes, en nouveaux 4 pour
» cent, qui ne feront pas connaître leur dissen-
» timent, recevront, par chaque somme de cent
» livres de rente 4 pour cent, » (il ne peut être ici
question que du capital) « une somme égale de
» cent livres de rente nouveau 3 1/2 pour cent.
» Le premier dividende des nouveaux 3 pour
» cent » (il y a sûrement ici faute d'impression; il
faut lire 3 1/2) « sera payable le 5 janvier 1831.

» Les susdits nouveaux 3 pour cent » (même
observation; lisez 3 1/2 pour cent) « ne seront
» pas remboursables avant le 5 janvier 1840.

» Il sera ouvert des registres à la banque
» d'Angleterre, à partir du lundi 5 avril jus-
» qu'au samedi 24 inclusivement, pour recevoir
» les signatures des personnes qui ne consen-
» tiraient pas.

» Les personnes qui ne feront pas connaître
» leur dissentiment, seront censées avoir con-
» senti; cependant il est accordé un délai pour
» les personnes absentes de l'Angleterre, jus-
» qu'au 1er juillet 1830 pour celles qui sont en
» Europe, et jusqu'au 1er janvier 1831 pour
» celles qui sont hors de l'Europe.

» Les nouveaux propriétaires de rentes 4 pour
» cent, qui n'auront pas refusé leur consente-
» ment, auront la facilité, pendant un mois

» après le terme fixé pour l'expression de leur
» dissentiment, d'opter entre les nouveaux 3 1/2
» pour cent et une nouvelle rente 5 pour cent,
» non remboursable avant 1873. Pour chaque
» somme de 100 livres de rente nouveaux 4 pour
» cent, on recevra la somme de 70 livres, nou-
» veaux 5 pour cent.

» Les personnes qui ne consentiraient pas
» aux propositions du gouvernement seront
» remboursées comme il sera statué par le par-
» lement.

» Les propriétaires des 4 pour cent recevront
» les dividendes payables le 4 juillet prochain. »

Si l'influence de ces dispositions devait se
concentrer dans le cercle qui les a vu naître,
j'hésiterais, ayant déjà assez à m'occuper de ce
qui nous touche directement, à les approfondir, autrement que comme *généralités théori-
ques*.

Mais comme depuis trop long-temps nous
apprécions assez peu l'importance de notre *ca-
pacité* pour nous prêter à *singer* financière-
ment nos voisins, dispositions que, dans l'état
actuel des choses, et par suite des rapports poli-
tiques et d'intérêt de nos *inévitables*, nous pour-
rions voir successivement *s'enraciner* davantage,

loin de les voir *s'amortir* ou même *s'amoindrir*, j'ai dû m'empresser de les approfondir; afin que, dans le cas où (comme cela pourrait arriver; ce qui même semblerait assez probable) on nous les présenterait avec *emphase* comme *pierre philosophale* d'une nouvelle *panacée*, nous puissions nous défendre *utilement* de cette nouvelle *charlatane* direction.

Supposons qu'en Angleterre le taux *transactionnel* de l'intérêt, en placement en rente, bien solidement *constaté* dans son *existence* et dans sa *probabilité* de *permanence*, soit réellement aujourd'hui de 3 pour cent.

Le gouvernement, n'ayant pas fonds suffisans pour rembourser les 4 pour cent, ne pourrait se procurer les fonds qui lui seraient nécessaires à cet effet que par emprunt, ou par *conversion volontaire* de la part des rentiers 4 pour cent.

Mais d'avance on entrevoit que cette conversion n'entrerait pas dans les convenances d'intérêt des rentiers 4 pour cent; parce que, envisageant leur position sous l'aspect de sa *spécialité*, ils reconnaîtraient que celle dans laquelle ils se trouvent serait matériellement préférable à celle qu'on voudrait qu'ils y substituassent, et parce que des *craintes raisonnables* de remboursement ne pourraient les *influencer*, tant que les capitalistes auraient plus d'avantage à placer leur fonds en 4 pour cent qu'en 3 1/2 pour cent.

Par les mêmes motifs, les secours pour remboursement ne pourraient provenir d'emprunts.

Dès lors toute combinaison fondée soit sur de *prétendues sollicitude* et *bienveillance* pour les intérêts des rentiers 4 pour cent, soit sur des *menaces* de remboursement *forcé*, devrait *s'émousser* contre la bonne judiciaire *éclairée* de ces rentiers ou de ces capitalistes.

Et d'ailleurs, en supposant qu'ils eussent la faiblesse de se prêter à de telles *lueurs* et à de telles *craintes*, voyons quel serait le résultat *matériel* pour eux d'une semblable opération.

Supposons un rentier possesseur en rente 4 pour cent d'un capital de

100,000 fr.

son revenu serait de

4,000 fr.

On lui donnerait en échange un capital de

100,000 fr.

Qui ne lui procurerait qu'un revenu de

3,5oo fr.

La *perte* sur son revenu serait donc de

5oo fr.

Au bout de 10 années, on pourrait se libérer envers lui, en lui payant

100,000 fr.

Il ne perdrait à la vérité rien sur son capital, mais aussi il ne le verrait pas s'accroître;

Et, pendant ces dix années, il aurait perdu chaque année une somme de 5oo fr., qui, au bout des dix années, s'élevérait, en capital et intérêt seulement à 3 1/2 pour o/o, à une somme de

$$6{,}243 \text{ fr.;}$$

C'est-à-dire, relativement à son capital, à plus de

$$6 \text{ pour o/o.}$$

Lors même que le taux *transactionnel* serait au-dessous de 3 pour o/o, les raisonnemens pour le rentier et le capitaliste seraient de même nature, et ne pourraient changer, même dans cette circonstance, qu'autant que les 4 pour o/o cesseraient avant tout de circuler sur la place, et même se trouveraient bien réellement anéantis.

Mais, dira-t-on avec *vergogne*, je suis *généreux*, je laisse le choix à ceux qui ne seront pas en opposition avec moi sur ma première donnée, de suivre la seconde voie que je leur propose.

Quoi! sans rire, vous oseriez mettre en avant cette disposition facultative?

(12)

Certes, ce serait bien là le complément de la raillerie.

Pour le prouver, reprenons le texte même de la communication.

« Les nouveaux propriétaires de rentes 4 » pour cent qui n'auraient pas refusé leur con- » sentement » (apparemment que dès lors on au- rait l'intention de les dédommager de leur *tendance* à concourir) « auront la facilité, pendant » un mois après le terme fixé pour l'expression » de leurs dissentimens. » (*dépéchez-vous ; il y a* PRESSE), « d'opter entre le nouveau 3 1/2 » pour o/o et une nouvelle rente 5 pour o/o non » remboursable avant 1873. Pour chaque somme » de 100 livres de rente, nouveau 4 pour o/o, » on recevra une somme de 70 liv., nouveau » 5 pour o/o, » qui procureraient un revenu de

3,500 fr.,

au lieu du revenu de

4,000 fr.

Dont jouissaient les rentiers *prétendument favorisés par l'alternative.*

Si les rentiers avaient la *bonhomie* de donner dans un tel faisceau de *lueurs*, voici quelle serait en définitive leur position.

Sur un capital supposé de cent mille fr., ils perdraient une somme de. . . . . . 30,000 fr.

Et ils perdraient en outre annuellement, pendant 43 années, une somme de 500 fr. qui, en fin de compte, s'éleverait, en capital et intérêts seulement à 3 1/2 pour o/o , à 44,060 fr.

Ensemble de la perte. . . . . . 74,060 fr.

C'est-à-dire, relativement au capital, plus de

74 pour o/o ;

Ou, ce qui revient au même, près des trois quarts du capital.

Quelle faveur!

Quelle gracieuseté !

Quel appât !!!

Et l'on espérerait que nous serions assez *niais,* assez *Cassandres,* assez *dépourvus* de *sens* pour tomber dans de tels *piéges*, et, par suite, nous exposer à devenir la risée de *tous!*

Détrompez-vous, messieurs les *inévitables.*

Que Dieu nous prête vie, et nous vous prouverons bien que nous lirions au fond de vos pensées, lors même que leur nombre et leur nature ne seraient pas si *restreints* et si uniformes.

Nous ne sommes pas, *nous*, si avancés dans la carrière du dévouement *désintéressé*, et de l'abnégation singée de notre *perspicacité*, que *goddem* puisse encore de long-temps être le fonds de notre langue.

Tirer les marrons du feu pour les autres est déjà assez *poignant* et assez *humiliant !*

Mais nous laisser *brûler*, pour en mieux conserver la *saveur* au palais de rivaux ; jamais ce ne sera là, grâce à la bonne étoile de la France, un des lauriers d'un état de civilisation acheté si longuement au prix de tant de tourmentes.

Dans les deux natures de combinaisons que nous venons de rapporter, la seule chance *d'éventualité favorable* pour les convertis, serait que, pendant les dix années qui suivraient les *conversions*, le taux de l'intérêt *transactionnel*, qu'on supposerait être, au moment de la *conversion*, de 3 1/2 pour o/o, *diminurait ;* chance *peu probable*, peut-être même *peu désirable*, dans la situation actuelle de l'Europe, et même, (du moins telle est mon opinion) dans l'intérêt particulier de chaque nation.

Or donc, pourraient dire les *jongleurs* :

Paillasse,

toujours de plus fort en plus fort.

La foi se *propage*. Le nombre des *aveugles* et des *myopes* se multiplie. Bientôt il ne tiendra qu'à nous de leur donner la *conviction* que 2 et 2 font 5.

Agissons donc sans *désemparer*. Ne laissons échapper aucune occasion, et *confortons* ainsi nos avantages matériels, en assurant en même temps la progression croissante de notre *supériorité future*.

Alors bientôt nous réussirons enfin *complètement*. Soyez-en convaincu.

Pour cela, pourraient s'écrier les *patiens* :

Il faudrait au moins ne nous enlever d'abord que la *première peau* ; peut-être alors pourriez-vous vous *flatter* d'arracher après successivement les autres.

Autrement la prudence devrait vous rappeler que

Trop de *précipitation* gâte tout.

Le sage a dit :

En tout ce que tu fais,
Hâte-toi lentement.

On pourrait ajouter :

Vaut mieux *persuasion éclairée*
que consentement *surpris* par *astuce.*

Serions-nous donc condamnés à nous voir successivement engagés dans de semblables directions de *jonglerie?*

S'il devait en être ainsi, bien des gens pourraient soutenir que celle de M. de Villèle était encore quelque peu moins *repoussante*, parce qu'au moins les *inévitables*, qui l'avaient suggérée, y avaient fait entrer, comme objets de balance des *pertes réelles*, des possibilités compensatives de *chances avantageuses*; tandis qu'aujourd'hui dans le projet, sans doute également suggéré par les *inévitables*, et qui bientôt pourrait devenir notre règle de conduite, on ne met même pas en *compensation* des *pertes certaines* aucune *chance possible*, même *éventuelle, d'amélioration*; ce qui semblerait indiquer que déjà on regarde les *capitalistes réels* comme totalement dénués de moyens de *fructification*, ou comme des *fanatisés* ou comme des *niais.*